ABBREGE DE L'HISTOIRE DE LAON.

Fait par le Sieur LAVRENT, Aduocat en Parlement.

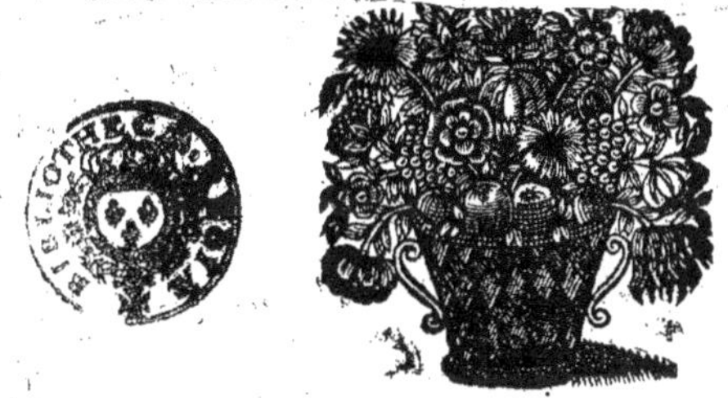

A PARIS,
Chez DENIS BECHET, ruë S. Iacques au Compas d'Or, & à l'Escu au Soleil.

M. DC. XLV.

AV LECTEVR.

AYANT fortuitement rencontré l'Epitome cy joint, qui contient, à mon aduis, quantité de rares & curieuses Antiquitez, non encore cognuës, j'ay jugé à propos de le mettre sur la presse, en attendant que l'Autheur ait acheué le corps de cét Ouurage, auquel peut estre que les gens de Lettres seront bien aises d'auoir part par les communications qu'ils luy pourront faire des memoires & pieces propres au dessein qu'il traitte; dequoy ie m'asseure qu'il leur aura obligation.

LETTRE ESCRITE A MONSIEVR AVBERT CHANOINE DE L'EGLISE de Laon, & Abbé de S. Remy lez-Sens.

MONSIEVR,

Encore que les Antiquitez de Laon meritent bien de vooir le iour, comme ont fait celles de la plus-part des autres Villes de France, dont les Histoires sont imprimées separément ; elles ont cela de particulier qu'elles découurent beaucoup de raretez importantes à l'Histoire generale du Royaume. Mais comme cét Ouurage infructueux & long, desire vn esprit plus adroit, plus accomply, & qui ait plus de loisir & de repos que ie n'ay pas, & la rencontre de quelque personnage qui veüille obliger le public, & se donner la peine de mettre la derniere main au dessein que i'ay commencé, & que ie seray tousiours prest de luy communiquer de bon cœur: ie me contenteray pour le present de vous faire part d'vn Epitome assez succinct que i'en ay dressé comme vn part informe, & vne table d'attente pour y adiouster ou retrancher ce que les zelez au bien public, ou les enuieux y trouueront à redire auec raison. Et quoy que cét Abbregé ne puisse pas comprendre infinies matieres que ie traitte dans vn gros Volume, ie proteste neantmoins que i'auray tousiours obligation tres-estroite à ceux qui m'assisteront de quelques nouueaux memoires pour adiouster au dessein que ie veux presenter à la posterité, & à quiconque voudra entreprendre de mieux faire. Or comme ie sçay que vous y pouuez contribuer de beaucoup par des titres, & Chartes de diuerses Prouinces qui se peuuent rencontrer, ie vous conjure de m'obliger de vostre secours & de celuy de vos amis, afin que cét Ouurage receuant son progrés & sa perfection de vostre main, il puisse quelque iour paroistre aux curieux, auec plus d'approbation & moins de contredit: Et esperant ceste courtoisie de vostre bonté ordinaire, ie suis tousiours

MONSIEVR,

De Laon ce 6. May 1645.

Vostre tres-humble & tres-affectionné seruiteur
LAVRENT, Aduocat.

EPITOME DE L'HISTOIRE DE LAON.

AON, jadis le sejour ordinaire de nos Roys & la capitale du Royaume, qui est situé sur la pointe d'vn rocher esleué au milieu d'vne large campagne, n'est plus aujourd'huy qu'vn Eueſché, vn Duché, & Pairie de France; & la ville principale du Vermandois.

L'AN DE N. SEIGN.

L'Autheur, qui en descrit l'Histoire, prouue par de bons titres, par beaucoup d'authoritez & de beaux monuments, tout ce qui s'est passé de memorable à Laon, & aux enuirons depuis dix-sept cents ans.

Et entre autres choses, il en fait voir sa fondation, & descouure par quantité de manuscrits, chartes & tombeaux, que son ancien nom estoit ceste *Bibrax*, incognuë iusques à present aux Geographes & Historiens, ainsi nommée, *à monte Bibraci*, sur lequel elle est bastie.

L'AN DE N. SEIGN.

Il monstre comme ceste ville s'est adjointe à l'Empire Romain sous les armes de Iules Cesar, malgré l'oppo-
100. sition & le fameux siege de plus trois cens mille Belges, auparauant la naissance de Iesus-Christ.

Il descrit la bataille en la plaine d'Amy-fontaine entre Cesar & les Belges ; & fait voir les differentes appellations de la ville de Laon.

200. Comme Sainct Beat est l'Apostre de Laon, (quoy qu'en estime la ville de Vendosme) comme il y est mort en vn caueau sis à Cheureson, où est à present la Citadelle. Comme Saincte Preuue a esté decapitée à Laon dans la vallée de *Bibrax*, dite à present, Le fond des Chenizelles, ou Chanesiles, & porta sa teste iusques à l'Eglise de Sainct Pierre le vieil, sur vne pierre qui s'y void encore ; & quelle a esté la Religion des premiers Laonnois.

300. Il traite de sainct Quentin, saincte Benoiste, saincte Grimonie, & autres Saincts qui ont combattu pour la foy, & souffert le martyre en ce Diocese & aux enuirons.

Il fait veoir le progrés de Laon, par la demeure ordinaire qu'y faisoient les Proconsuls des Empereurs Romains, lesquels du temps de Iulian l'Apostat changerent son nom de *Bibrax*, & commencerent à l'appeller *Lyon*, ou *Laon le Cloüé*, *Lugdunum*, (*vel*) *Laudunum Clauatum* ; & quitterent l'entreprise du vieux Laon, qu'ils vouloient bastir au dessus des villages de sainct Erme, & Goudelancourt tirant vers Rheims.

Il monstre comme dés auparauant sainct Remy, ceste ville auoit donné quelques Saincts, & vn Archeuesque à l'Eglise de Rheims.

400. Comme Laon fut assiegée en diuers temps par les Vvandales, par les Huns, & par les Scythes, & par nos premiers Roys auant Clouis.

Comme sainct Montain, sainct Amile, saincte Cesme, sainct Remy, sainct Autbot, sainct Boitian, sainct Fiacre, & autres Saincts ont fleury en ces quartiers.

Comme les Chasteaux & Maisons paternelles de sainct

Remy natif de ce Diocese, estoient à sainct Amile, à Cerny, & à Lauergny prés Laon. L'AN DE N. SEIGN.

Il establit sainct Genebaud premier Euesque de Laon; & depeint sa vie, sa penitence publique de sept ans en vn caueau prés l'Eglise de sainct Iulian qui se void encore, & son absolution miraculeuse. 500.

Quelle estoit l'Eglise Cathedrale de Laon en son temps, comme elle fut erigée par sainct Remy, qui l'enrichit de quelques biens que Clouis I. luy donna apres son baptesme. Et comme lors de la persecution des Martyrs Dieu y estoit adoré, & la saincte Vierge inuoquée en cachette & sous terre, *in cryptis*, dont l'vne estoit depuis ledit caueau de sainct Genebaud iusqu'à la Chappelle sainct Maurice sous sainct Iean-au-bourg: Et le chemin sousterrain s'en remarque encore à present.

De l'excellence de l'Eglise de Laon, appellée l'Eglise des Miracles: Et comme son Chapitre est le plus nombreux, & vn des augustes de l'Europe. 500.

Il descrit de temps en temps les vies & en quel nombre ont esté les Euesques de ceste Eglise, depuis sainct Genebaud iusques à Messire Philbert de Brichanteau Duc & Pair de France, qui vit aujourd'huy.

Comme les anciens Ducs & Comtes de Laon sont à present reduits à la charge de Bailly de Vermandois.

Des miracles faits à Laon, par saincte Geneuiefue, sainct Agry, sainct Luthuin, & autres.

Du Prieuré de sainct Marcoul de Corbeny en ce Diocese, celebre par le pelerinage ordinaire de nos Roys au retour de leur Sacre de Rheims. Et comme son corps y fut apporté du temps des guerres des Normands.

De la bataille du Duc Loup, & comme Laon seruit de retraite à sa femme, au temps de Brunehaut.

Il montre comme du viuant de l'Euesque sainct Canoüel, ceste Reine Brunehaut, qui se plaisoit en ce païs, (lequel garde de beaux monumens de son nom, comme sa fontaine, son tombeau, & autres; Fonda l'Abbaye celebre de sainct Vincent prés Laon, qui a tousiours esté 600.

L'AN DE N.SEIGN. le second siege & le sepulchre commun des Euesques, des Seigneurs du païs, & de toute la ville : Et a produit d'excellens hommes de Lettres, & de grands Saincts, comme sainct Hombert natif du Chasteau de Hamel prés Mesieres sur Oyse en ce Diocese, & sainct Anselme Euesque de Tournay.

Comme ce sainct Hombert est le Fondateur & le premier Abbé de Maroles prés Landrecy, & y donna ce qu'il auoit de bien és enuirons du lieu de sa naissance.

Il fait voir comme sainct Amand vint à Laon du temps
600. du Roy Childeric & de l'Euesque Attila, & fonda l'Abbaye de Barzy, ou Fauerolles à present simple Prieuré.

Comme sous Dagobert l'Abbaye de sainct Iean de Laon, ou nostre Dame de la profonde, fut fondée auec six autres Eglises par saincte Salaberge Princesse de Bourgogne, qui y fit quantité de miracles, y establit plus de trois cens Religieuses, & vn College de Chanoines.

Il descrit la Majesté de ceste Abbaye, (dite encore aujourd'huy, sainct Iean la noble;) Les sainctes Abbesses qui y ont fleury; L'estime que nos Roys & Reynes en faisoient sous les trois races, comme ils y demeuroient souuent; Comme ils y portoient la Couronne en teste; & comme iamais Roy, ny Prince, n'y entroit à cheual.

Comme apres la mort de sainct Eloguin dans Laon, le Comte Berchaire qui y commandoit, voulut auoir le corps de sainct Fursy son compagnon.

780. Il fait voir la grande bataille donnée prés Laon entre Ebroin Maire du Palais, & Pepin; Et comme le Duc Martin s'y estant refugié, le Roy Thierry y entra en armes, pendant quoy viuoient à Laon saincte Austrude, saincte Ebane, saincte Saretrude, sainct Bodon, sainct Seroul Euesque, & deux Chanoines de la grande Eglise, sainct Baudoüin Archidiacre, & sainct Erme, depuis Abbé de la Lobbe, à laquelle il donna ce qu'il auoit de biens en ce païs, au village qui en garde encores son nom.

Comme cét Ebroin mal-traitta saincte Austrude Abbesse de sainct Iean de Laon, & luy en demanda pardon; & com-

& comme le Prince Gislemair mourut par punition diuine, deuant la porte de cette Abbaye.

De la mort de sainct Rigobert Comte de Ribemont, 700.
au village de Gernicourt en ce Diocese.

Comme Laon seruit de retraite au Prince Griffon fils de Charles Martel pour resister à ses freres Pepin & Carloman, qui l'y siegerent & l'en emmenerent prisonnier.

Comme Pepin fut contraint par sainct Remy d'abandonner le bourg d'Anisy que Clouis I. luy auoit donné, & estant de retour à Laon fut tué en sa presence Hardre parent du Comte Froimont par Guerin Gouuerneur de Lorraine.

S'il est vray que Ganelon ait esté executé à Laon pour 800.
sa trahison de Ronceuaux, à l'endroit de son oncle Charlemagne.

Comme le Comte Bego gendre de l'Empereur Louys le Debonnaire, fut possedé du diable à Laon, du temps de l'Euesque Ostrolde.

Il monstre comme pendant les guerres ciuiles que souffrit cét Empereur, son espouse Iudith se sauua dans l'Abbaye nostre Dame de la profonde à Laon, & en fut tirée de force par les enfans de ce Prince qui l'emmenerent à Verberie, & la firent Religieuse à saincte Radegonde de Poictiers, selon aucuns.

Comme au Concile de Laon, depuis desaduoüé par le Pape, cét Empereur fut deposé, & fait Moine, en l'Abbaye sainct Mard de Soissons, au rapport de quelques Historiens.

Il fait veoir comme le Roy Charles le Chauue prit Laon, & passa à Samoucy forest Royale apres auoir eu bien de la peine d'empescher le pillage que ses soldats vouloient faire de ceste ville.

Il descrit la fondation de l'Abbaye de filles d'Origny
saincte Benoiste par la Reyne Hermentrude, prés laquelle 800.
Pardoul Euesque de Laon auoit grand credit, & comme Charles le Chauue luy rendit Poilly, & autres Seigneuries de son Eueſché.

L'AN DE N. SEIGN.

Comme l'Euesque Hincmar eut les yeux creuez, & fut priué de son Euesché aux Conciles d'Attigny & de Duzy, & depuis restably au Concile de Troyes; Et combien de diuisions il y eut lors à Laon entre ce Prelat, son peuple, son Chapitre, & Hincmar son oncle, & son Metropolitain.

Il fait veoir comme les Normands siegerent Laon, pillerent, & desolerent l'Abbaye sainct Vincent & le Laonnois, & comme on apporta en refuge en ceste place le corps de saincte Pharahilde, sainct Bauon, sainct Marcoul, sainct Quentin, sainct Cassian, & sainct Boitian, sous l'Euesque Didon.

Comme ce Prelat obtint vn tres-beau priuilege du Roy Eudes, comme il establit les Chanoines de sainct Boitian en la place des Religieux de sainct Vincent, que les Normands auoient tué, & en renuoya depuis le corps en l'Eglise du Chasteau de Pierrepont qu'il auoit fortifié; Et comme peu apres, le Roy ayant pris Laon de force, il y fit decapiter son parent le Comte Gauthier qui s'en estoit saisi.

900. Il monstre comme plusieurs sont estimez Euesques de Laon, qui ne l'ont pas esté: & comme les catalogues anciens en ont oublié plusieurs.

Comme Haganon de Laon fauory de Charles le simple, fut cause des guerres ciuiles d'entre luy, Robert, Raoül, Louys d'outre-mer, Huë le Grand, & le Comte Hebert.

Comme la paix fut conclue & iurée dans Laon, entre Charles le simple & Henry Duc de Lorraine: Et depuis
900. encore entre le Roy Louys d'outre-mer, Hebert, & Hue le Grand, par l'entremise de sainct Theotilo Archeuesque de Tours, qui y mourut miraculeusement.

Il descrit les sieges, prises, & reprises de Laon, en nombre de dix-huict, sous ces Roys & Princes: l'alarme qu'il y eut vn iour de Pasques, & la guerre pour le Comté de Laon.

Comme Charles le Simple, & la Royne Frederone son

espouse, fonderent le Prieuré sainct Marcoul de Corbeny; & en firent don à l'Abbaye sainct Remy de Rheims. L'AN DE N. SEIGN.

Comme Hugues le Grand tint prisonnier vn an entier Louys d'outre-mer dans la ville de Laon: Et comme la forteresse de Galliot y fut bastie par le Comte Hebert.

Il fait veoir par titres originaux & authentiques, comme deux de nos Roys, Louys d'outre-mer, & Philippe I. y ont esté couronnez en l'Eglise Cathedrale; & que d'autres y ont pris naissance, & y ont esté baptisez.

Comme l'Euesque Raoül en a esté chassé, & depuis restably en plein Concile, comme l'auoit esté auparauant l'Euesque Ostrolde du temps de Louys le Debonnaire.

Comme du viuant de ce Prelat Raoül, fut fondée l'Abbaye de S. Michel en Tierasche, par Hebert, ou Elbert.

Il monstre s'il est vray que le Comte Hebert ait esté pendu à Laon prés la porte sainct Martin, appellée encore la porte Hebert.

Comme en ce temps Richard sans peur Duc de Normandie, fut enleué de Laon dans vne botte d'herbes pour esuiter la fureur de Louys d'outre-mer.

Comme nos Roys ont fait forger monnoye à Laon: Et comme les Euesques ont iouy de ce priuilege par l'espace de plus de quatre cens ans; & ont eu toute Iustice dans la ville, & de grands Officiers.

Comme Laon a esté siegée par trois Roys conjoinctement. Du Concile tenu en l'Abbaye sainct Vincent; Des sieges de Roucy, Pierrepont, la Ferté, Corbeny, Montagu, & de celuy de la Tour du Roy de Laon; & comme elle fut bastie sur la porte Royale du Chasteau, dite à present, Porte mortelle.

Il fait veoir comme le Comte Hebert, ou Albert tira la 900.
Reyne Ogine de l'Abbaye sainct Iean de Laon pour l'espouser, comme le Roy en fut irrité, & donna le Monastere à sa femme Geberge du temps de l'Euesque Rorico, qui gist à sainct Vincent, & qui estoit fils naturel du Roy Charles le simple.

Comme de nouueaux Religieux furent establis en l'Ab-

L'AN DE N. SEIGN. baye sainct Vincent par ce Prelat Rorico, qui les tira de l'Abbaye sainct Benoist sur Loire, & leur fit donner l'Abbaye sainct Hilaire.

Des Estats Generaux tenus à Laon sous Lothaire qui y entra victorieux.

Il monstre comme Charles de Lorraine prit & pilla Laon, & la grande Eglise par la trahison du Prestre Adalger, ou Girlebert, emprisonna la Reyne Emme, l'Euesque Adalberon, & fit tuer tous ceux qui s'estoient refugiez dedans ceste Eglise.

900. Comme Charles y estant siegé pour la seconde fois par Huë Capet, il y fut pris le iour du Ieudy Sainct, par l'intelligence qu'il eut auec ce Prelat Adalberon, qui s'appelloit aussi Anceline, (selon de bons autheurs non encore imprimez:) & lequel estant sorty de prison, & depuis rentré aux bonnes graces de son Prince, il introduisit de nuict Huë Capet dedans Laon, par la porte qui ioignoit son Eueschë, & est à present murée. Et en fut delà Charles de Lorraine enuoyé prisonnier à Orleans, où il mourut.

1000. Comme cét Euesque Anceline ou Adalberon voulut vendre son Eueschë au neueu de Berodes Euesque de Soissons, & comme il fut emprisonné par quatre Roys.

Il parle de la guerre d'Azolin, ou Gebuin Euesque de Laon, contre celuy de Noyon nommé Harduin: comme l'Aduouërie de la grande Eglise fut supprimée sous ce Prelat, qui fit tous ses efforts malgré son Chapitre, pour empescher que le Pape Leon ne vinst en France, dont Dieu le punit.

Il fait veoir sous l'Euesque Elinand, les fondations des Abbayes de sainct Nicolas sous Ribemont, de Nogent sous Coucy, de sainct Nicolas aux bois, de Bucilly, & du Chapitre de sainct Iean au bourg de Laon, autrefois Abbaye de filles; & comme lors sainct Vincent fut rebasty.

Comme de son temps arriua le miracle de la femme de Chiuy, nommée Sciburge, qui fut iettée dans vn feu à Laon sans brusler.

Il montre la fondation du Prieuré de Chantru sous l'Euesque Enguerrand de Coucy, trop grand amy d'Enguerrand de Boue, & de Thomas de Marle, qui rauageoit impunément ce païs. L'AN DE N. SEIGN.

Comme Ebal pretendu Euesque, creua dans la grande Eglise de Laon.

Il prouue comme l'Euesque Galdric fut esleu par simonie & par force, & confirmé à Langres par le Pape Paschase, nonobstant l'opposition du Doyen, ce grand Anselme, l'honneur des Prestres de l'Europe, qui faisoit lors leçon publique dans Laon. 1100.

Il fait veoir comme cet Euesque fit tuer dedans l'Eglise nostre-Dame, le Chastelain Gerard de Cherizy, pendant que luy estoit allé à Rome. Ce qui fut puny par le Preuost Yues, qui pilla & brusla les maisons des conspirateurs; & le Roy l'ayant priué de l'Euesché, il se fit restablir par le Pape, & sieger Laon pour y rentrer; ce qu'il ne peut faire, qu'apres s'estre remis aux bonnes graces du Roy.

Comme en vn Concile tenu en l'Abbaye sainct Nicolas aux bois, il excommunia le Clergé & le peuple de Laon, qui se mutina contre luy de sorte que personne n'y estoit en seureté, non pas mesmes les plus grands Seigneurs du Royaume.

Il monstre comme pendant que ce Prelat estoit allé en Angleterre, le peuple de Laon fut estably en Commune, & rachepta par argent sa liberté des Ecclesiastiques & Gentils-hommes, ce qu'il fut obligé d'approuuer à son retour.

Comme cét Euesque Galdric, ou Valdric fit creuer les yeux à son Maire Gerard, à cause qu'il estoit trop grand amy de Thomas de Marle qu'il haïssoit. Dequoy le Pape irrité le suspendit, & en fin ayant fait mine de renoncer à son Euesché, & de se faire Religieux en la grande Chartreuse prés Grenoble, il reuint.

Comme il ruina le peuple de Laon à force d'exactions, & de fausse monnoye qu'il luy faisoit prendre pour bonne, & fit casser la Commune de Laon par Louys le Gros, le iour du Ieudy-Sainct. 1100.

L'AN DE N.SEIGN. Comme en suite, ce Prelat fut tué huict iours apres & le iour sainct Marc, par l'ordre de Thomas de Marle chef de quelques habitans qui furent de la conspiration, ce qui pensa estre executé le iour de Pasques.

Comme en ceste esmotion l'Eglise Cathedrale de Laon fut bruslée, l'Abbaye sainct Iean, & autres, la ville pillée & desertée, & plusieurs pendus en l'Abbaye sainct Vincent, où ce Prelat fut enterré secretement, apres auoir esté tiré par les cheueux hors d'vn tonneau où il s'estoit caché, *in cellario Ecclesiæ*, eut esté frappé au visage de deux coups de hallebarde, qu'on luy eut couppé le doigt où estoit son anneau, & que son corps despoüillé eut esté couuert de pierres, & de boüe, qu'on luy jetta.

Des prodiges estranges qui parurent à Laon auparauant tous ces desastres.

Comme à ce suject Thomas de Marle fut excommunié, & dégradé au Concile de Beauuais par le Legat Conon, & le Roy le siegea dans la tour de Laon, & luy fit long temps guerre dans Crecy, Nouuion l'Abbesse, & Coucy, où il fut pris & amené en ceste ville, où il mourut d'vne façon estrange selon aucuns.

Il fait veoir comme l'Euesque Barthelemy, qui estoit des illustres Maisons de Chastillon & de Roucy, fit rebastir en vn an de temps, ceste belle & grande Eglise de Laon, l'vne des plus delicates & plus hardies qui soit en France, sur la pointe & la pante d'vn rocher.

Des grands miracles faits en ce Royaume, & en celuy d'Angleterre, par les sainctes Reliques de Laon, d'où l'on rapporta de grandes aumosnes, qui seruirent à reédifier ceste Eglise.

Du vol d'Anselme, & des espreuues par eau & par duel faites à Laon sous ce Prelat.

1100. Comme de son temps furent fondées en ce Diocese les Abbayes de Cuissy, Premonstré, Foigny, sainct Martin de Laon, auparauant Eglise Collegiale hors la ville, où sainct Norbert establit cinq cens Religieux, auec sainct Gaultier pour Abbé, & depuis Euesque de Laon.

Des fondations des Abbayes de Thenailles, Clairfontaine, Vauclair, Bohory, Monstrueil, Fonteuille ; & quels ont esté les Abbez & Abbesses, qui ont gouuerné ces Maisons.

Il monstre comme ce Prelat establit les Chartreux du Val sainct Pierre, reforma les Abbayes de sainct Michel en Tierache, sainct Nicolas aux bois, & sainct Vincent de Laon.

Comme il fit chasser les Nonnes de l'Abbaye sainct Iean de Laon, à cause de leur mauuaise vie, & comme il fit establir en leur place des Religieux, & y mit pour premier Abbé Drogon, depuis Cardinal & Euesque d'Ostie.

Comme il fonda la Maladerie sainct Ladre sous Laon, & receut les Templiers en la Maison de Puisieux.

Il fait veoir comme deux Papes Calixte II. & Innocent II. vindrent à Laon sous ce Prelat, & y celebrerent la saincte Messe.

De la saincte Image de nostre-Dame de Liesse, & com- 1100.
me il eut l'honneur de la receuoir y estant miraculeusement apporté d'Egypte par trois Cheualiers Laonnois Seigneurs d'Eppe, & de Marchais.

Des grands saincts qui viuoient lors en son Diocese, sainct Norbert Fondateur de Premonstré, sainct Gaultier, & sainct Gatin Abbez de S. Martin, sainct Odon Bourgeois de Laon, & depuis premier Abbé de Bonne-Esperance, sainct Luc Abbé de Cuissy, sainct Gerard Abbé de Clairfontaine, sainct Regnault Abbé de Foigny, saincte Ermingrade & autres.

Comme cét Euesque Barthelemy se fit Religieux à Foigny, où il est enterré, & tenu pour Sainct.

Comme le Roy Louys le Ieune, assisté de ses Princes, & de quantité d'Euesques & d'Abbez, pacifia dedans l'Eglise de Laon, le differend d'entre l'Euesque Gaultier II. & sainct Hugues Abbé de Premonstré.

Du festin Royal de l'Abbaye sainct Iean de Laon, qui s'en deschargea en donnant au Roy la ville de Crespy, & autres terres.

L'AN DE N.SEIGN. Comme l'Eglise Collegiale de sainct Pierre bastie dans l'Abbaye sainct Iean fut supprimée, & des Chanoines establis à saincte Benoiste, & à sainct Cyprian, & saincte Cornille, & de leurs beaux priuileges, lors que le Roy vient à Laon.

Il fait veoir comme les habitans du Duché de Laonnois se reuolterent, & furent establis en Commune; comme l'Euesque Roger la fit supprimer, & leur fit guerre, & fut fait Duc & Pair de France par Louys le Ieune.

Des Communes de Bruyeres, Cerny, Crandelain, Crecy, & autres de ce païs.

Comme sous ce Prelat, Hugues Abbé de sainct Vincent fonda l'Eglise Collegiale de saincte Iulian au bourg de Laon.

Comme vn Seigneur de Vermandois resuscita, & vne Dame mangea le cœur d'vn Chastelain de Coucy.

1200. Il fait veoir la mort de saincte Matilde au village de Lapion; & comme la Tour du Roy de Laon fut rebastie du temps de l'Euesque Robert, par le Roy Philippe Auguste.

Des Comtes de Vermandois, & comme ce Comté fut reüny au Domaine.

Comme l'Abbaye du Sauuoir sous Laon, fut fondée, & changée de place sous l'Euesque Anselme.

Comme le bras gauche de sainct Laurent fut miraculeusement apporté en l'Abbaye sainct Martin de Laon, par vn Religieux de ce Monastere nommé S. Thomas.

Il monstre comme les Cordeliers furent establis au champ sainct Martin, & depuis transferez dedans la Ville par sainct Louys qui vint exprés à Laon pour ce sujet, & leur donna son Palais, appellé lors La vieille Cour du Roy.

Du grand bruit que fit en plusieurs Eglises de France l'excommunication d'Enguerrand de Coucy, pour auoir mal-traitté vn Doyen de l'Eglise de Laon. Ce que le Pape, & le Roy pacifierent.

Comme Enguerrand III. son fils fit pendre trois Seigneurs

gneurs Flamands en sa forest proche sainct Nicolas aux bois, & ce qui en aduint.

De l'Abbaye de filles de Santigny prés Crespy, à present ruinée, & entierement aneantie.

Il fait veoir la fondation de l'Abbaye Nostre-Dame de la Paix, assez proche de la ville de Marle, au lieu où est au- 1200.
iourd'huy la Chappelle de la Paix sainct Antoine, & ce par Thomas de Coucy Seigneur de Vreuin, sous Garnier, qui fut le premier Euesque enterré dans l'Eglise Cathedrale de Laon.

Il descrit l'institution du Conuent Royal des Beguines de Laon prés l'Abbaye sainct Martin; la Merueille des mouches, & du Crucifix de Foigny, de sainct Alexandre Roy d'Escosse qui en fut Religieux; & autres choses estranges aduenuës en ce Diocese.

Comme deux Papes Vrbain IV. & Nicolas IV. ont esté Chanoines de Laon, & comme plusieurs ont esté tirés de ceste Eglise pour estre faits Cardinaux, Archeuesques & Euesques en quantité d'Eglises de France, & d'Italie.

Il fait veoir la fondation du Prieuré du Val des Escholiers, appellé sainct Nicolas Cordelle, autrefois Hospital, & comme le Roy luy donna la Chappelle de son Palais.

Comment & pourquoy la ville de Laon fut priuée de Commune, à la sollicitation de l'Euesque Robert, Gazo, Raoül, & Albert, & du Chapitre, & quelle satisfaction il fallut faire.

Comme le Cardinal Estienne de Suzy Chancelier de
France, & Archidiacre de Bourges, gist en l'Abbaye sainct 1300.
Iean de Laon, à laquelle il donna de beau bien, & y a vn tombeau magnifique.

Comme le Roy Philippe de Vallois accorda à la ville de Laon beaucoup de droicts & priuileges, & comme par ses Chartes le Preuost fut estably, & les droicts de l'Euesque, du Chapitre & du Tresorier, reglez pour le gouuernement, iustice & police de la ville.

Il fait veoir qu'il y a eu des pendus de Barenton, mais que ce n'est pas ce que l'on dit des Maires, dont on ne peut rien verifier.

L'AN DE N. SEIGN. Comme les Anglois rauagerent ces quartiers, prirent & bruslerent plusieurs places, Origny saincte Benoiste, Monstruëil, Bohory & autres : Et des Cheualiers du Lieure, de Buiron-Fosse.

Comme vn traistre fut lapidé pour leur auoir voulu liurer Laon du temps de l'Euesque Robert le Cocq, qui auoit grand credit en France.

Des desordres que firent en Laonnois les païsans de la Iacquerie, & les Nauarrois & les Armagnacs ; & comme le peuple fut deschargé de plus faire serment à l'Euesque lors de sa premiere entrée à Laon.

Des nouueaux rauages faits par l'Anglois ; & comme les Eglises sainct Hilaire, S. Victor, S. Geneſt, saincte Geneuiefue, S. Autbot, S. Remy, & autres furent desmolies.

Comme le Chapitre s'est soustrait de la iurisdiction de l'Euesque de Laon sous le Pape Clement VII. du temps du Cardinal de Montagu ; Et des droicts des Archidiacres.

Il traitte de l'excellence de Maistre Guillaume de Harsignis Medecin de Laon, qui guarit le Roy Charles VI. & gist en l'Eglise de [illegible] où l'on void son tombeau de marbre noir, & des grands biens qu'il donna à Laon, à Noyon, & autres lieux.

1400. Comme le Duc de Bourgongne prit Laon, en desmolit la forteresse, & rauagea le Laonnois ; & comme ceste ville tomba és mains du Roy d'Angleterre.

Des prises de Coucy, Neuf-Chastel, Clacy, Crespy, Marle, Guyse, Vreuin, fort de l'Abbaye sainct Vincent, Roucy, du combat de Liesse, & de la demolition du Chasteau de Montagu, à la priere des habitans de Rheims, & de Laon, qui dés auparauant estoit remise en l'obeïssance du Roy.

Des priuileges, exemptions & octroys que Louys XI. accorda à la fidelité des habitans de Laon : Et comme de son temps il confirma le droit qu'a l'Eglise Cathedrale d'obliger tous les Abbez & Abbesses du Diocese, de luy
1500. faire serment sur le grand Autel, auant pouuoir en prendre la qualité.

L'AN DE N. SEIGN.

De la fondation des prebendes de Moüy; & de celles de la Fere, Guyse, Rosoy, & autres Eglises Collegiales du Diocese chacune en son temps.

De l'Abbaye de Caluaire prés la Fere, & de tous les hospitaux, Prieurez & benefices de Laon, & des enuirons.

De la paix de Crespy en Laonnois; de celles de Laon; de la paix & treue de Vreuin sous diuers Princes.

Comme nos Roys, qui jadis auoient accordé à la ville de Laon capitale de Vermandois, vne ample iurisdiction & ressort, en ont peu à peu distrait les villes de Rheims, Chalons, Soissons, la Fere, Guyse, Marle, Coucy, Beauuais, Rethel, Mondidier, partie de Noyon, & de Chauny, la Baronnie de Rozoy, & nouuellement sainct Quentin, Roye, Ham, Nesle, Peronne & Ribemont.

Il descrit la glorieuse victoire remportée sur le diable de Nicole de Vreuin, appellé le diable de Laon, chassé par le sainct Sacrement de l'Autel, à la veuë d'vne milliade de Huguenots, du temps de l'Euesque Iean V. surnommé de Bours

Il fait recit de la Ligue, & de ce qui s'est passé lors à Laon & aux enuirons, de son siege par le Roy Henry le Grand, des Eglises sainct Estienne, sainct Georges, & Nostre-Dame au marché, qui furent abbatuës pour fortifier la ville, 1600.
& bastir la Citadelle.

Comme l'Euesque Godefroy introduisit les Peres Minimes à Laon, dans le Prieuré sainct Nicolas Cordelle, qui fut supprimé.

Comme les Peres Capucins furent establis au lieu appellé les vieux Cordeliers, par l'Euesque Benjamin.

Ce qui s'est passé à Laon de plus memorable depuis les derniers troubles iusques à present.

Comme Messire Philbert de Brichanteau Euesque, qui vit auiourd'huy, & son illustre Maison de Beauuais-Nangis, ont fondé le Conuent des Religieuses de la Congregation Nostre-Dame à Laon; comme il a estably la reforme, & fait rebastir son Abbaye sainct Vincent, &c.

Comme l'Abbaye d'Origny a esté brusleé en 1642.

L'AN DE N. SEIGN.

& rebastie nouuellement nonobstant la guerre, par la genereuse Abbesse Dame Catherine de Monluc.

En vn mot, l'Autheur traite d'infinies autres matieres, tant Ecclesiastiques que seculieres concernant ceste prouince, l'estat de la ville, son progrez, ses changemens, sa Iustice, son gouuernement, &c. Et il fait veoir en l'honneur de sa patrie, que Laon a esté le sejour ordinaire de nos Roys par des siecles entiers, a esté la capitale du Royaume, la seule place importante à l'Estat; a souffert plus de soixante sieges, où assauts depuis Iules Cæsar, qu'elle a fourny d'excellens hommes de lettres à toute l'Europe; qu'elle conserue en ses tombeaux quantité de grands Princes, & a donné à l'Eglise beaucoup d'Abbez, d'Euesques, de Cardinaux & de Papes, des Roys à la France, & grand nombre de Saincts au Paradis.

FIN.

www.ingramcontent.com/pod-product-compliance
Lightning Source LLC
LaVergne TN
LVHW010410240826
846091LV00020B/3124